AF563667

RÉPONSE

A LA LETTRE

DE M. LE V^{TE} DE CHATEAUBRIAND,

DU 23 AOUT.

RÉPONSE

A LA LETTRE

DE M. LE V^{TE} DE CHATEAUBRIAND,

DU 23 AOUT,

PAR

L... D... LA...

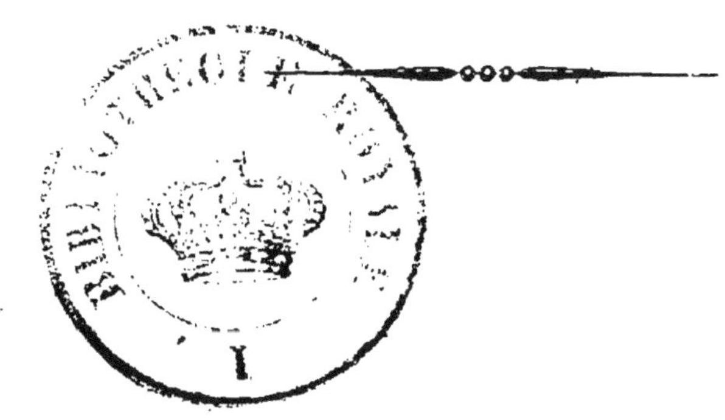

PARIS,

IMPRIMERIE DONDEY-DUPRÉ,

Rue Saint-Louis, n° 46, au Marais, et rue Vivienne, n° 2.

15 SEPTEMBRE 1835.

RÉPONSE

A LA LETTRE

DE M. LE V^TE DE CHATEAUBRIAND,

DU 23 AOUT.

MONSIEUR LE VICOMTE,

Vous aviez obtenu, à l'entrée de votre carrière littéraire, ce que vous pouviez désirer de flatteur auprès de l'opinion publique : vous aviez débuté par des écrits d'un homme consciencieux, plein de morale et d'urbanité; vous aviez excité un engouement assez étendu parmi toutes les classes de la société. Votre réputation a grandi, et vous avez marché vers un but remarquable, celui de faire époque dans la littérature, par la pureté du style et par l'agrément d'une imagination féconde en fictions agréables et en réalités, vous y avez trouvé la récompense du renom et *du* profit.... C'est votre patrimoine.

Si vous vous en étiez tenu là, monsieur le vicomte, votre ambition pouvait être satisfaite jusqu'à un certain degré, et votre jeune amour-propre, enflammé par des succès, vous aurait donné des jouissances : vous y avez renoncé, en abandonnant le séjour paisible des muses de l'histoire, pour vous précipiter dans le labyrinthe et dans les tourmens de la politique, comme je l'ai déjà publié. Vous avez voulu dominer toutes les opinions, vous avez voulu traverser des mers agitées par de longs orages, qui sont l'écueil des pilotes inexpérimentés, et vous placer sur toutes les régions; vous vous êtes montré insatiable de renommée, et vous ne vous êtes pas arrêté. Vous avez marché à travers tous les périls, vous les avez bravés, et vous avez cru pouvoir arriver au pouvoir dans le maniement des affaires publiques. Les forces vous ont abandonné, vous n'étiez pas de taille à supporter cet énorme fardeau; vous en êtes descendu deux fois, et vous ne cessez de vous rappeler ce triste naufrage. Il ne vous reste aujourd'hui que des souvenirs douloureux, et des tourmens dont vous ne pouvez pas vous débarrasser : triste situation de votre esprit..... Vous l'exprimez même en vous enveloppant de votre vertu, dans la lettre que vous venez de faire publier par votre Journal du 23 août dernier.

Je viens de lire cette lettre, monsieur le vicomte. Quelles amertumes et quels regrets vous inspirent les vices des lois, *comme vous le dites*, sur la liberté de la presse, que le gouvernement a présentées aux Chambres! Elles ont été votées, monsieur le vicomte, à une grande majorité, et elles sont applaudies dans toute la France par l'opinion publique.

Je ne fais pas ce rappel à l'opinion du parti de l'opposition, elle s'est manifestée comme vous avez exprimé la vôtre.

Vous avez prédit, monsieur, au *gouvernement actuel qu'il ne pouvait pas vivre avec la liberté de la presse*, *et vous ajoutiez que plus tard il serait amené à la tuer*.

Pourquoi n'avez-vous pas présenté, en bon citoyen, les moyens d'éviter cet assassinat politique, si vous croyez vos prévisions fondées?

Votre *tâche était remplie*, dites-vous, *et vous étiez résolu de vous en tenir à votre triste et ancien rôle de prophète non écouté. Aujour-*

d'hui, vous êtes provoqué à prendre la parole, et je vous prédis que vous ne serez pas écouté davantage aujourd'hui. Je plains vos efforts.

Vous voulez reparaître dans la lice des discussions sociales et politiques, je vois *là*, monsieur, la situation déplorable de votre esprit ; il lui faut des alimens. Que nous apprendrez-vous ? Rien. Ce que vous dites dans votre lettre n'offre pas des idées nouvelles, ni une découverte de quelque perfectionnement utile à la société....

Vous *aviez demandé, lorsque vous étiez à l'apogée de votre ambition*, de *fortes lois répressives de la presse*, vous en sentiez alors le besoin. On les présente aujourd'hui, vous les repoussez comme téméraires, et *vous dites qu'elles sont violentes, qu'elles sont terribles*.... Je n'entends pas ce langage, monsieur le vicomte, car des lois fortes sont toujours répressives, et les nouvelles n'ont pour but que de réprimer et de supprimer le scandale, qu'une licence audacieuse introduit chaque jour dans la société, et dont elle se plaint depuis long-tems. Je ne vois rien dans la contexture de ces lois, dans leur organisation et dans la manière de les faire exécuter judiciairement, rien, monsieur le vicomte, qui soit en opposition avec notre pacte social, qui doive émouvoir votre bile, et qui attaque la liberté d'écrire.

Vous dites que *vous avez fait goûter la monarchie constitutionnelle à vos amis les royalistes qui n'auraient jamais voulu en entendre parler. A la bonne heure*, je vois là un sacrifice de votre esprit conciliateur ; *vous étiez alors, comme vous le serez toujours, dans les rangs des royalistes, qui par leurs mœurs, leurs habitudes, penchaient aux formes de l'ancienne monarchie*. Le nombre en est bien peu important : ils *regardaient la liberté de la presse comme un fléau*. Vous avez désiré leur faire *adopter la nouvelle monarchie*, et vous ajoutiez que, *sans la liberté de la presse, sans l'abolition de la censure, cette monarchie était impossible*. Eh bien ! monsieur le vicomte, la monarchie constitutionnelle est solidement établie. Vous avez vaincu l'opposition des royalistes ; la censure est supprimée, abolie irrévocablement, et c'est, dites-vous, *la grande conquête de votre vie*. C'est donc à vous, monsieur le vicomte, que la France doit la grande et large liberté de la presse sans contrôle ? Avez-vous bien fait? C'est une question que le tems est appelé à résoudre. Si on ne l'avait exploitée qu'avec les sentimens qui appartiennent à des hommes civilisés, à des hommes qui repoussent les débauches de l'esprit, qui n'enfantent que le crime, qui irritent les imaginations ardentes, qui ne peuvent supporter aucun frein, qui font chaque jour un appel à la guerre civile, et à tous les désordres qui épouvantent l'humanité, en dégradant le plus beau présent que Dieu ait placé dans l'intelligence des hommes, on ne craindrait pas les agitateurs. Mais ils n'en bravent pas moins les lois avec audace et avec impunité, ainsi que tout ce que la pudeur a de plus sacré. Oui, monsieur le vicomte, la licence effrénée de la presse deviendrait un présent funeste pour la société et nous ferait déplorer les excès auxquels elle s'est livrée, et qui se sont multipliés sans amendemens depuis tant d'années ; elle ne se trouverait plus en harmonie avec le goût et l'urbanité des Français, qui conserveront, malgré l'impudeur de ces sycophantes, la réputation d'être le premier peuple, le plus éclairé et le plus civilisé de l'Europe, avec les formes de la plus riche et de la plus brillante éducation.

Si je me reporte à tout ce qui a été imprimé depuis cinq ans, en *ordures*, en diffamations et en violations de tous les principes de morale et de décence, je ne saurais avoir, pour les maximes que vous manifestez dans votre lettre, une grande et solennelle vénération après laquelle vous courez, ni pour cette tolérance illimitée dans laquelle se réfugient les hommes de parti, qui démolissent chaque jour, sous votre patronage, l'édifice social, non encore élevé, dites-vous, selon les règles de votre caprice et de vos hautes conceptions politiques.

Je ne puis être de votre avis, monsieur le vicomte, car j'ai plus que vous vécu dans le monde, et je connais mieux que vous l'aliment le plus convenable à l'esprit et à l'intérêt des hommes sages, qui finiront par être la règle générale de la société; et vous vous rappellerez, un jour, cette opinion d'un philosophe, que la paix est préférable à la liberté même. Oui, monsieur le vicomte, la paix, les arts, l'industrie, le commerce, sont la vie et la puissance des états. Voilà où s'exerce la sollicitude du ministère. Enfin, monsieur le vicomte, la censure est abolie par un article de la Charte : de quoi vous plaignez-vous?

Le ministère auquel vous portez, à ce qu'il paraît, peu d'estime et peu dégards, et contre lequel vous vous emportez avec tant de violence, ce ministère n'a jamais pensé, dans aucun de ses actes, à violer l'abolition de la censure, que vous considérez comme le *palladium de la liberté de la presse*. Que demandez-vous de lui dans les accès de votre fureur, et de la haine que vous venez de manifester? Les écrivains du premier ordre, qui perpétuent en France les anciennes traditions utiles, désirent tous perpétuer la pureté du langage dans les discussions politiques et religieuses, parce qu'ils comprennent qu'ils laisseront après eux, pour le présent et pour l'avenir, une moisson abondante de fruits utiles, pour la morale et pour les mœurs.

Le pouvoir à qui vous avez déclaré la guerre avec persistance, depuis que vous vous êtes émancipé de vous-même, de toute relation avec le gouvernement, qui aurait pu vous fournir quelques occasions d'alimenter votre amour-propre et votre vanité, vous avez mieux aimé rester dans un état d'hostilité, et décrier, avec injure tout ce qui n'est pas de votre goût. Mais, monsieur le vicomte, quand on déclare la guerre, soit en littérature, soit en politique, il faut au moins qu'il y ait une sorte de vérité dans le motif.

Voyons, monsieur le vicomte, si votre attaque est fondée. Le gouvernement a-t-il violé la Charte pour se soustraire à la surveillance de ces orateurs qui se disent une tribune, et de ces plumes acérées qui l'attaquent tous les jours dans les actes d'une administration aussi importante, aussi discutée en présence des chambres, et aussi difficile dans tous ses rapports avec l'ordre public? Le gouvernement tant décrié par vous n'a-t-il pas dû calculer tous les maux, toutes les sinistres provocations qu'a traînés après elle, depuis cinq ans, la licence de la presse, et qui a grandi chaque jour en audace et en impunité? Croyez-vous qu'il y ait un gouvernement sur la terre, quelque forme qu'il se soit donnée, qui eût gardé si long-tems le silence, lorsque toutes les classes de la société étaient chaque jour attaquées, et que toutes les convenances étaient foulées aux pieds, pour arriver audacieusement jusqu'aux marches du trône, pour y poursuivre le roi, ses ministres, son pouvoir et son principe constitutionnel? Et vous trouvez, monsieur le vicomte, que ce n'est ni un crime, ni un attentat provoqué par des libelles pour renverser nos institutions, qui ne sont pas les vôtres, puisque vous *n'avez pas fait le serment d'y être fidèle ?* Vous vous irritez de ce que le pouvoir, de ce que la France et la majorité des chambres ont senti la nécessité d'arrêter le torrent qui n'a eu pour résultat que désordres, émeutes, conspirations et assassinats? Et vous n'êtes pas content que le gouvernement, qui ne marche qu'avec la majorité des chambres, et avec le vœu de la nation, ait mis au rang de ses devoirs de mettre un terme à tous les scandales dont nous sommes les témoins depuis cinq ans? Que nous sert, monsieur le vicomte, que *vous veniez nous rappeler, ce que nous n'avons pas oublié, qu'à une autre époque de votre vie, vous avez eu des sentimens politiques un peu différens de ceux que vous manifestez aujourd'hui.* Cela prouve la mobilité de votre caractère et le peu de justesse de votre jugement. Et cependant vous vous obstinez à vous croire encore appelé aux grandes administrations de l'état, et le seul peut-être en France en état de terminer nos secousses politiques? Monsieur le vicomte, l'esprit est une séduction, mais il n'impose pas toujours à la raison; moi, j'en réprouve l'abus quand il n'a pas pour but de perfectionner l'ordre social. Car pouvons-nous dire que vos *années d'expérience* et de *maturité* sont devenues plus utiles à la chose publique ? Qu'avez-vous fait pour elle, et que n'avez-vous pas écrit contre ? Vous venez de voir la chose publique entourée de périls, de crimes et d'un nouvel et vaste attentat, sous le patronage de la société des Droits de l'Homme, dont on avait infecté une partie de la population de nos grandes cités les plus occupées ; où l'on avait envoyé des auxiliaires, des commis voyageurs qui excitaient les classes ouvrières à la révolte, des hommes qui se disaient inviolables par leur position politique : Vous savez ce qu'ils ont opéré dans le midi de la France, sous leur patronage, pour les aider à renverser nos institutions, et compromettre les richesses de l'industrie et du travail. Et vous, monsieur le vicomte, vous, comme bon citoyen, vous êtes-vous rallié au pouvoir, par la puissance de vos écrits, par l'ascendant de votre noble réputation d'écrivain consciencieux ? Avez-vous montré cet amour de la patrie qu'il était de votre devoir de manifester au milieu du deuil général et de toutes les calamités que nous préparait un horrible attentat conçu dans l'ombre, qui a couvert de crêpes funèbres une de nos plus brillantes fêtes nationales? Avez-vous élevé votre voix tonnante qui aurait retenti en France et en Europe comme l'a fait votre lettre? Dans de telles circonstances, le silence d'un écrivain qui veut perpétuer sa renommée est un crime; ses dispositions politiques sont signalées comme dangereuses et coupables contre la royauté de juillet. J'ai vu, monsieur le vicomte, des hommes de tous les partis, même de cette opposition hostile et souvent brutale, qui poursuit une autre direction que la vôtre, je les ai vus, je les ai entendus déplorer l'abus sanglant de la licence de la presse, qui a conduit à de tels excès, et qui a répandu tant d'alarmes parmi nous; ils avouent que c'est dans ce code que se sont formés ces hommes qu'on fait marcher en avant-garde, pour commettre tous les attentats contre la sûreté de l'état. Vous déblatérez sans cesse contre le gouvernement, parce que, dites-vous, *il est né d'une insurrection faite au nom de la liberté de la presse, et qu'il poignarde sa mère!*... Expliquez-nous, monsieur le vicomte, votre pensée; car vous trompez l'opinion publique, vous abusez du langage de la presse, et vous vous associez à une licence que la société et les lois condamnent et réprouvent.

Nous n'avons pas oublié, monsieur, que le gouvernement actuel, que les ministres, que les chambres sont sortis de la souveraineté du peuple, qui a exercé son droit quand le trône était vacant : voulez-vous le lui disputer? Il était inutile de le lui rappeler. Vous dites que, *loin d'avoir été l'homme de vos souvenirs*, vous avez *été l'homme de votre tems.* Comment l'entendez-vous? Nous nous rappelons que vous avez encensé l'idole, lorsque tout le monde gémissait de l'oppression qui avait rendu le peuple français esclave d'une volonté absolue, qui ne souffrait ni opposition ni résistance. Où est l'écrivain qui ait couvert de plus de fleurs le triomphateur qui s'avançait pour venir recueillir, parmi nous, le fruit de ses victoires? Ne vous a-t-on pas vu à la tête des enfans tranquilles des muses, marcher à la suite du char pour présenter au vainqueur la troupe sacrée des supplians? Avez-vous osé, en présence de ce colosse de gloire, né d'une révolution, tenir le langage de la lettre que vous venez de répandre? Vous saviez cependant que sa puissance n'était pas héreditaire, qu'il la tenait des circonstances, et qu'elle n'était appuyée que sur ses armes? Vous avez travaillé à la renverser, lorsqu'il n'y avait plus de danger pour vous : et aujourd'hui, au milieu de tant de crimes et d'insurrections, quand le gouvernement ne veut pas faire répandre de sang, mais veut punir les coupables, vous déclamez violemment contre la loi de déportation, contre la loi qui laisse la vie à des hommes convaincus par la loi, et trouvés le fer et le feu dans leurs mains pour incendier la patrie, pour troubler l'harmonie de la société? Vous eussiez donc voulu, peut-être, qu'on leur assignât des récompenses nationales!

Monsieur le vicomte, les lois présentées par le gouvernement sont sages, elles sont le rapport de la justice avec l'intérêt de la société, elles ont reçu la sanction solennelle de la discussion publique, qui les a consacrées; c'est un crime de les attaquer, et c'est un devoir de punir les violateurs de la loi. Vous devriez savoir, monsieur le vicomte, que tous les pouvoirs émanent de la souveraineté du peuple; un orateur célèbre du dernier siècle, Massillon, frappa les tendres organes du jeune prince destiné à gouverner la France par ces paroles remarquables. « C'est le choix de la nation qui mit d'a»bord le sceptre entre les mains de vos ancê»tres ; c'est elle qui les éleva sur le bouclier et »les proclama souverains ; ils le durent au con»sentement libre de leurs sujets, qui devint en»suite la source de leur autorité. »

Eh bien! monsieur le vicomte, le peuple exerça ce pouvoir dans le *Forum* après la victoire de juillet. Trouva-t-il quelque contradicteur parmi les auxiliaires de votre système? où étaient-ils, ainsi que vous, dans les momens douloureux où vous attendiez le résultat de cette catastrophe terrible, où la branche aînée de la monarchie allait être renversée et dépouillée du trône dans l'espace de trois jours, pour la violation des lois et du serment qui y était attaché?

C'est, vous le savez, une révolution qui fonda le trône de Hugues Capet en France; il le dut d'abord au succès de ses armes contre l'héritier du trône, son compétiteur, *Henri de Lorraine*, qu'il vainquit et qu'il fit enfermer à Orléans avec sa famille. Son élévation fut confirmée par les états-généraux tenus à Noyon : c'est cette nomination qui est devenue la tige de la dynastie qui a régné en France plus de huit cents ans, et qui règne encore aujourd'hui, par le même principe de la souveraineté du peuple, dans la personne de Louis-Philippe d'Orléans : quelqu'un s'est-il avisé de lui contester la légitimité de cette élection?

Charles X, dernier héritier du trône, par son abdication et celle de son fils, n'a-t-il pas laissé le peuple rentrer dans les droits de sa souveraineté? Il a élu pour son roi Louis-Philippe d'Orléans, de la maison de Bourbon, pour lui succéder. Croyez-vous, monsieur le vicomte, que cette élection ne soit pas aussi légitime que celle de Hugues Capet et de ses successeurs qui y ont pris leur origine? Vous ne la discuterez pas publiquement, quelque vœu que vous ayez formé contre elle, et quelque profession de foi que vous vous soyez engagé à soutenir.

Vous dites *que vous pourriez écraser sous le poids de leur origine, c'est-à-dire de la souveraineté du peuple*, le roi, les ministres, les mandataires du peuple, enfin tout ce qui constitue le gouvernement de la nation! Vous leur reprochez d'avoir osé violer la Charte en changeant la juridiction des tribunaux, et en introduisant dans le jury *l'ignominie du vote secret.* Quoi! monsieur le vicomte, vous avez osé tracer ces lignes, démenties par le fait, puisque le jury conserve la plénitude de son institution, et que ce qui vient d'être déterminé par la loi sur la presse n'est que réglementaire et de police intérieure de ce tribunal. J'avoue, monsieur le vicomte, que plus j'avance dans la lecture de votre lettre, plus je trouve, je n'ose le dire, l'abaissement de vos facultés intellectuelles : vous avez donc oublié que le vote secret est de toute ancienneté, que Pline-le-Jeune le fit adopter par le sénat romain pour toutes les affaires sociales et politiques et pour les élections. Il fut accueilli avec acclamation, et s'est maintenu pendant tout le tems de la république et sous le règne de Trajan et de ses successeurs. Vous êtes le seul publiciste qui ait prononcé anathème contre cette mesure, dont la société sentira le prix, et la justice toute la sécurité. Il est curieux, monsieur le vicomte, d'entendre tout ce qui se dit dans la société de votre opinion sur la liberté de la presse. Tantôt vous vous en déclarez l'ennemi, puisque vous vouliez des lois fortes et menaçantes, tantôt vous en êtes le défenseur qui ne veut admettre aucune modification. Telle est votre destinée de ne pas être toujours d'accord avec vous-même. Vous dites que vous *appartenez à un ordre de choses peu favorable aux idées nouvelles*. On a bien fait de ne pas réclamer votre assistance, parce que, loin d'avoir été l'homme de vos souvenirs, vous voulez être l'homme de votre tems; qu'en conclure? rien qui tourne au profit de votre réputation. Vous ajoutez que vous avez marché avec votre siècle, et que le *gouvernement actuel a rétrogradé*. Mais y pensez-vous, monsieur le vicomte? le gouvernement actuel est né de l'opposition. Mais, vous-même, n'étiez-vous pas du parti de l'opposition lorsque vous avez été renvoyé deux fois du ministère? N'avez-vous pas été un des instrumens hostiles du ministère qui avait préparé la chute du monarque? Est-ce le gouvernement actuel qui a renversé Charles X? Ne vous étiez-vous pas placé dans les rangs de ceux qui, ayant travaillé à ébranler son trône, ont aidé à le renverser? Vous recherchez sans cesse l'origine de cette révolution, et *vous vous plaignez qu'on recherche qui vous êtes*. « *Voyons, dites-vous, quels sont les ministres actuels? Ils sont sortis, dites-vous, d'une insurrection faite au nom de la liberté de la presse, et sortis de la souveraineté du peuple, ils condamnent à la déportation le libre examen des principes du gouvernement.* » Qui est-ce qui a le droit, monsieur le vicomte, d'attaquer cette souveraineté, lorsque ses mandataires ont fait des lois qui sont devenues nécessaires, et qu'elles sont sanctionnées par l'opinion publique? Oui, monsieur le vicomte, le gouvernement a proposé des lois pour supprimer les associations des Droits de l'Homme, qui compromettaient l'ordre social, qui bravaient toutes les lois de police, et qui étaient l'instrument des séditions, sous le patronage des chefs d'une faction pour renverser nos institutions. Alors, monsieur le vicomte, les ministres n'ont pas craint de présenter les moyens de salut, quoique, comme vous le dites, leurs mains glorieuses n'aient pas gagné *cent batailles contre les ennemis de la patrie.* Ils ont fait plus, monsieur le vicomte, ils ont attaqué de front et fait démolir les barricades élevées en juin et en avril, où tant de sang a été répandu, et qui étaient devenues les remparts où les factieux espéraient se réfugier impunément pour déchirer la patrie. Votre irritation, monsieur le vicomte, loin de s'apaiser, prend une plus vive intensité contre le ministère, qui sert d'aliment à votre exaltation, et vous ne cessez de répéter que vous pourriez *l'écraser du poids de son origine, en le montrant infidèle à son engagement, par des lois plus oppressives les unes que les autres, dans lesquelles l'imagination effrayée se perd.*

En vérité, monsieur le vicomte, plus j'avance dans la route que vous vous êtes tracée, plus j'aperçois l'affaiblissement de vos organes. Vous prédisez au malheureux ministère *qu'il ne lui reste que l'abîme où il sera poussé*, vous lui dites qu'il n'aura rien *fait tant qu'il* n'aura pas rétabli la censure, et qu'il n'y a *d'efficace contre la liberté de la presse que la censure*. Il vous a répété sans cesse qu'il n'avait pas besoin de la censure pour défendre les actes du gouvernement; il laisse le champ libre à la déclamation et à la mauvaise foi. La loi a tracé ses devoirs, il ne s'en écartera pas. Il a obtenu ce qu'il désirait, que le nom du roi ne se trouve plus au milieu *de ces écrits* déhontés de la licence de la presse. Les lois qui ont été votées ne sont pas ses lois, ce sont les lois du pays. Vous ajoutez que, sans le principe de la *légitimité ou le principe républicain, toute liberté de la presse est impossible, et que plus il ira, plus il reconnaîtra cette vérité.* Misérable situation de votre esprit!

Vous espérez, *dites-vous, monsieur le vicomte, être assez près de votre tombe pour éviter les révolutions qui menacent la patrie ;* vous vous croyez déjà en présence de l'Éternité. C'est, monsieur le vicomte, une pensée morale et religieuse. Je vous en félicite, c'est devant cette Eternité que vous rendrez compte de l'emploi des dons que vous avez reçus. Ce compte sera immense, monsieur le vicomte!!

Vous ajoutez encore à cette triste prédiction *que l'esprit de vertige qui a saisi le pouvoir, vous fait craindre que les révolutions ne marchent plus vite que votre vie.*

Rassurez-vous, monsieur le vicomte, la sagesse du roi est un phare autour duquel les bons Français, et ils sont en grand nombre, se rallient tous les jours pour s'éclairer sur leurs véritables intérêts. Rassurez-vous ; la France ne périra pas par des insurrections; elle a résisté, et vaincu les insinuations que des hommes qui se sont couverts de leur inviolabilité ont été semer dans le midi de la France, pour y exciter la révolte parmi la classe ouvrière. Déjà ils ont produit tant de calamités et versé tant de sang ! Et dans ce moment même où j'écris ces lignes, ne voyons-nous pas des O'Connell français, des hommes de tribune aller *banqueter* dans le Nord, dans cette partie de la France la plus tranquille, chez un peuple industrieux et riche, pour y exciter des séditions contre le ministère, et contre la majorité des chambres, qui a voté les dernières lois contre la licence de la presse, parce qu'elles portent déjà le calme dans la société. Ils ne veulent pas du calme, il leur faut des agitations, des émeutes, des insurrections! C'est là leur tribune : l'audace de leurs harangues, au *milieu des festins*, ne réussira pas parmi des hommes sages, connaissant tout l'intérêt que le roi porte à la prospérité de leur commerce et de leur industrie. La Normandie comme toutes les autres provinces sont l'objet de sa constante sollicitude.

Non, monsieur le vicomte, les mains glorieuses du roi n'ont pas gagné cent batailles pour asseoir son pouvoir ; vous avez prononcé le mot de *batailles* avec une solennité remarquable ; car vous ajoutez *qu'elles ne se sont exercées qu'à démolir les barricades de son berceau*. Ce langage fait pitié, monsieur le vicomte, ma plume se refusait à l'écrire.

Le roi a fait preuve de courage, de raison et de patriotisme lorsqu'il a fallu servir sa patrie. Ne l'avez-vous pas vu le 6 juin, avec son fils le duc de Nemours, au milieu des barricades, bravant le feu des factieux ; et au mois d'avril, avez-vous oublié que le prince héréditaire et M. le duc de Nemours ont été au milieu des combats, entourés de morts et de blessés ? croyez-vous qu'ils ont fait preuve de courage ? Le roi avait fait ses preuves à *Valmy*, à *Jemmapes*, etc. Il n'a abandonné son poste que lorsque sa tête fut mise à prix et à l'encan des bourreaux de la Convention. Depuis cinq ans n'a-t-il pas bravé les armes des factieux dans les jours de douleur et de combats, où les barricades étaient devenues leurs remparts ? Dans les rues de la capitale, le roi a-t-il craint de se montrer au milieu des périls, au milieu de la garde nationale et de la troupe de ligne défendant la patrie, et faisant triompher nos institutions en résistant au plan des conjurés, qui assassinaient dans les rues de la capitale ses honorables habitans, au nom de la république?

Non, monsieur le vicomte, le roi n'a pas besoin de gagner cent batailles pour assurer sa réputation ; il ne veut pas marcher sur les traces de ce conquérant, jaloux de porter une conflagration générale chez tous les peuples, et de faire la guerre à tous les souverains contre lesquels il avait conduit nos nombreuses et belliqueuses armées; il ne veut pas se montrer sur le *Boristhène*, le *Tanaïs*, la *Duine*, la *Moskowa*, pour y poursuivre la conquête de l'univers; il sait quels ont été les résultats de telles entreprises; « il sait que les conquérans, comme le dit un » écrivain moderne *, ont des pieds de fer qui » brisent tout en marchant, et la poussière qui » s'élève à leur passage couvre tout ce qu'ils » laissent en arrière»*. Il n'avait pas besoin des glorieuses défaites, dont le sang a commencé à Moscou pour venir se perdre sous les murs de la capitale, où le conquérant a trouvé sa mort politique.

Le roi a fait plus que gagner des batailles. Sans sortir de son cabinet, sans sortir de France, il a pacifié l'Europe ébranlée par nos dissensions politiques; il a fait plus, il a fait des alliances utiles pour consolider nos institutions, et les présenter à tous les souverains comme l'exercice de la volonté nationale : il a montré dans

* Bailly, *Lettres sur l'Atlantique*.

tous ses rapports avec toutes les puissances le caractère d'un souverain pacifique, mais qui ne reculera jamais quand il faudra défendre les droits que la nation a confiés à sa haute sagesse; et s'il a accepté cet immense fardeau, la France sait qu'on a été l'arracher du milieu de ses jouissances domestiques, du milieu d'une nombreuse famille qu'il chérit; que tous les regards et tous les besoins se sont tournés vers lui pour faire cesser, par sa présence, l'anarchie sanglante qui était organisée dans les murs de la capitale pendant les trois grandes journées de juillet, et qui n'a cessé que lorsque les vœux du peuple l'ont porté en triomphe à l'Hôtel-de-Ville, et l'ont proclamé le sauveur de la patrie. « Ceci est historique », monsieur le vicomte; et ce qui l'est encore, c'est qu'on n'a pas vu Louis-Philippe, duc d'Orléans, au milieu des combattans, les séduire et mendier leurs suffrages pour monter sur le trône qu'on venait de renverser, qui n'était entouré que d'alarmes, d'incertitudes et de dangers, et qui ne lui promettait aucune des jouissances en harmonie avec sa noble indépendance, avec ses goûts et avec les douceurs d'une vie domestique, où il trouvait son bonheur et où il faisait celui de sa nombreuse famille. Le patrimoine de ses pères suffisait à son ambition; il l'employait, vous l'ignorez peut-être, à des actes de bienfaisance et de charité; il le consacrait aussi à des établissemens qui honorent son cœur paternel, où la vieillesse indigente trouve des secours assurés; la classe laborieuse une occupation de chaque jour, qui l'arrache à une oisiveté dangereuse; la religion, des exemples utiles et un appui consolateur; la jeunesse, une éducation gratuite, utile et religieuse. Voilà, monsieur le vicomte, le cercle au milieu duquel le prince trouvait ses jouissances, avant de monter sur le trône, où il porte avec plus d'étendue sa sollicitude et son amour pour tout ce qui est digne d'une grande nation, qui en sent tout le prix. Et puisqu'on met de l'acharnement à dégrader tout ce qui part de son affection pour sa patrie, et que des écrivains, en présence des lois, ne reconnaissent point son élection légitime, je laisse à ceux qui liront cette lettre à juger cette grande question nationale.

Enfin, votre réveil se termine, monsieur le vicomte; après vous être endormi pendant cinq ans, par des paroles remarquables et par une profession de foi qui ne porte pas l'effroi dans nos espérances; vous établissez votre système, et vous *prononcez la mort prochaine du gouvernement.*

Apaisez-vous, monsieur le vicomte, nous ne craignons pas les prophéties de votre vagabonde imagination; vous auriez bien mieux fait de la conserver riante, pour les traductions du *Tasse* et de *Milton*, dont on dit que vous êtes occupé. Le gouvernement ne périra pas malgré vos hautes prédictions, et la peine inutile que vous prenez à nous l'annoncer.

J'ai appliqué toute mon attention, monsieur le vicomte, à la lecture de votre lettre; il m'a fallu une grande patience pour la terminer, et je me suis écrié en la finissant, avec le philosophe qui s'était engagé à lire un livre jusqu'à la fin :

« *Euge! navita terram aspicio.* »

Mais en terminant la mienne, je ne puis me défendre de vous exprimer toute ma pensée, c'est celle d'un solitaire sans ambition, qui touche aux portes de sa tombe; c'est, je vous l'avoue, que je ne trouve pas une seule phrase de votre lettre qui ne respire la haine, la vengeance et le mépris contre le pouvoir... Il n'y a pas une phrase où ne se trouve l'expression de l'orgueil, de la vanité, et du regret de votre déchéance des affaires publiques : pourquoi l'avez-vous écrite?

Voilà votre dotation, monsieur le vicomte; vous avez voulu faire du bruit par votre testament politique ; c'est un véritable manifeste, il n'excitera pas la guerre civile ; c'est un testament *ab irato* qui sera cassé au tribunal de la raison.

Vous avez voulu plaire à cette société qui captive vos pensées et enflamme chaque jour votre imagination brillante; vous savez qu'on l'appelle quelquefois la folle de la maison, et qu'elle nous faisait espérer qu'avec la liberté de vos écrits vous opéreriez une nouvelle révolution en France et en Europe, pour satisfaire les dispositions de ceux dont vous êtes l'oracle, et dont vous vous constituez l'organe. Vous êtes dans l'erreur, monsieur le vicomte; l'enivrement se dissipe, les Français deviennent *mûrs* pour la paix ; ils connaissent le poids et les périls des discordes civiles, et des conflagrations qui épouvantent l'humanité. Ne comptez pas sur leur secours. Il ne vous appartient pas de faire apparaître de nouvelles chances de combats.

Continuez à outrager le pouvoir; le roi est là, armé de toute la puissance des lois; il déjouera tousl es complots. On a tenté de l'assassiner, on n'y a pas réussi..... Vous avez vu que la Providence l'a couvert de son *bouclier divin*, au milieu de ce vaste assassinat qui avait été organisé. Cette funeste tentative n'a servi qu'à affermir la monarchie constitutionnelle, sur sa tête et sur celle des princes ses fils.

Vous avez vu, monsieur le vicomte, que tous les souverains de l'Europe ont félicité le prince d'avoir échappé à cet horrible crime, et ont exprimé leurs vœux pour sa conservation. Le Saint-Père a ordonné un *Te Deum* dans l'église Saint-Louis, en actions de grâce; et le Grand-Seigneur s'est réuni à tous les souverains de l'Europe, par l'organe de son ambassadeur, pour exprimer l'horreur qu'il attachait à cet horrible attentat, et les vœux qu'il formait pour la conservation du roi.

Le roi est jeune encore, monsieur le vicomte; quand les lois de la nature devront être remplies, il a après lui cinq princes, ses fils, qui s'élèvent pour perpétuer son amour pour la patrie.

Monsieur le vicomte, je pensais qu'il ne devait plus sortir de votre plume que des paroles de paix et de conciliation, après tant de fléaux qui ont ravagé la France depuis quarante ans. Si vous aviez fait un retour sur votre conscience, vous vous seriez rappelé que le fils de Dieu n'est descendu sur la terre que pour donner la paix au monde ; elle seule est capable de protéger les gens de bien.

Je plains votre égarement ; la postérité le jugera de votre vivant, la saine raison vous en paiera le juste tribut.

Je conclus, monsieur le vicomte, qu'il y a du fiel dans votre cœur, du mécontentement et de l'inquiétude.

* *Tantæne animis cœlestibus iræ !* »

Quoi ! monsieur le vicomte, l'esprit qui devrait seconder toutes les entreprises d'utilité publique, aider le gouvernement pour satisfaire à tous ses besoins, ne s'appliquera donc plus qu'à jeter l'inquiétude dans le sein des familles, et à repousser la confiance et l'espérance qu'elles doivent aux efforts du gouvernement ! ! !

Vous finissez, monsieur le vicomte, en nous assurant *que vous ne chercherez pas à troubler des triomphes passagers, et que vous ne vous jetterez plus témérairement dans le péril. Cette résolution est tardive, et vous nous déclarez*

* Tant de fiel entre-t-il dans l'ame des dévots!

qu'il n'y a ni puissance sur la terre, ni danger, qui puisse vous empêcher d'exprimer librement votre opinion. Si elle est bonne, c'est votre droit ; si elle est un brandon de discorde, vous vous placez *ex-legis*, c'est-à-dire que vous vous placez sous l'empire d'une *loi qui punit*, lorsque vous prononçez anathème sur le gouvernement qui a proposé des lois répressives contre la licence de la presse, et contre la majorité des chambres qui les a sanctionnées aux applaudissemens de la France.

Quoi! monsieur le vicomte, vous n'avez donc consulté personne lorsque vous avez lancé votre lettre dans la société?

Vous n'avez donc pas des amis? Les amis sont rares. Cependant vous en auriez trouvé. L'homme de génie a des admirateurs ; l'homme riche a des flatteurs, le sage seul a des amis ; et comme vous vous placez souvent dans cette catégorie, vous en auriez trouvé dans lesquels vous auriez pu placer votre confiance : mais vous avez mieux aimé marcher seul au milieu de tous les périls ; un ami aurait peut-être calmé votre fureur, ou du moins tempéré cette irritation qui vous a fait jeter dans les tourmens d'une ambition mal calculée que vous avez volontairement recherchée.

Un véritable ami vous aurait rappelé ce que fit Juste-Lipse, qui avait une sorte de similitude avec la mobilité et la légèreté de votre caractère: il parcourut tant de routes où il s'égara souvent, et vous savez qu'après avoir écrit l'histoire de *Notre-Dame-de-Hall*, il consacra sa *plume d'argent à cette chapelle*, et par son testament, sa robe de chambre fourrée. Vous auriez fait comme lui, après avoir communiqué votre lettre à cet ami, vous l'auriez remise dans votre portefeuille, et vous auriez légué votre plume à la réputation d'écrivain, que personne ne vous disputait.

Monsieur le vicomte, quoique le cœur de l'homme, comme dit le sage, soit un abîme que personne ne peut sonder, un ami vous aurait fait entendre que les réflexions de l'esprit modèrent les erreurs du cœur, souvent les arrêtent ou les diminuent, et montrent le repentir au bout de l'arène des passions, ou des erreurs. Cet ami vous aurait dit que ce sont les réflexions de l'esprit qui soutiennent dans la tempête de l'ame, qui placent des jalons pour reconnaître les routes tortueuses qu'on veut parcourir, allument des fanaux auprès des écueils, et servent de guide et de boussole quand les étoiles ne jettent plus qu'une pâle lumière, et de gouvernail quand les courans entraînent au naufrage.

Voilà, monsieur le vicomte, votre triste et pénible position. Votre ami vous aurait rappelé ce que vous avez sans doute oublié, que l'homme d'esprit ne se laisse pas toujours entraîner à ses passions; qu'il échappe, se relève et se ranime après sa chute, et porte toujours avec lui le repentir et l'espérance; car il n'y a pas d'erreur que le repentir ne répare.

Mais votre orgueil ne se serait pas contenté de ce conseil salutaire, vous l'auriez repoussé comme une profanation sacrilége de votre système, et je n'aurais pas été obligé, en finissant cette longue réponse à votre lettre, par vous faire l'application de cette sentence d'un Ancien qui ne vous est pas inconnue.

«* *Deseruit hunc fides et fama.*»

PLAUT.

J'ai l'honneur de vous saluer.

15 septembre.

www.ingramcontent.com/pod-product-compliance
Lightning Source LLC
LaVergne TN
LVHW020253230826
846091LV00006B/2383

9782011786142